Voz
de la
Nostalgia

Voz de la Nostalgia

"Poemas de amor que dictan dolor desde el desolado rincón de la añoranza"

Por: María Aduke Alabi

Voz de la Nostalgia
(Segunda edición)
Poemas de amor que dictan dolor desde el desolado rincón de la añoranza.

Maria Aduke Alabi

Copyright © 2012 Maria Antonia Alabi

Para ordenar copias adicionales de este libro visite
QuisqueyanaPress.com

QUISQUEYANA
Press

Quisqueyana Press
Poway, CA, 92064 USA
info@quisqueyanapress.com
www.quisqueyanapress.com

ISBN 978-1-7354562-1-8

Library of Congress Control Number: 2020921221

Contenido

INTRODUCCION

Cuando la tranquilidad se torna dominante y mi entorno fecundo, estalla con voz armoniosa y envolvente la nostalgia. Entonces llega la musa como sol naciente. Y de mi pluma brotan versos que hacen del papel un gorrión que hará de su canto mi poesía.

Pasa un día y otro día. Vuelvo a escuchar la triste voz que me pone en manos de la tristeza. Planto otros versos que se vuelven poesía. Así pasan los días. Así nacen las musas.

Esta obra es la esencia nostálgica que brota del rincón de mi existencia, las que presento en versos los que quizás muchos ojos leerán y al hacerlo no verán, más mi voz gritara, aunque quizás no se oiga, tal vez porque soy la simple lagrima que comienza a recorrer a ciegas y en la oscuridad los senderos de una faz desconocida.

En cada uno de estos poemas me encuentro, porque cada uno formo parte de mi ser en algún momento de mi vida y en algún instante de mi vida fueron mi vida en ese instante. Quiero con esta obra remover los sentimientos más ocultos y darles vida, haciendo sentir en ellos la eternidad del instante, dejando sentir vibrante las luces de cada verso, casi cegante, expuestos sobre papel, tal vez tímidos y temerosos de que los ojos no los miren y las almas no los sientan.

Voz de la nostalgia, tal vez no sea más que la migración de mi vida a la muerte, hacia tristes pasiones posiblemente absurdas, ya que evaden las finalidades de los hombres; mi meta no es negar la felicidad ni omitirla, sino simplemente despertar esa sensibilidad que yace bajo la corteza ruda de los más apesadumbrados seres, presentándoles aquella soledad que se ahoga en el silencio y nos hace sus víctimas, aquellos sentimientos que queman el alma y que han quemado el corazón de muchos hombres.

Este sin número de voces son ecos del alma con los que comparto sentimientos ajenos y propios que deseo hacer latir en otros corazones.

DEDICATORIA

A todos aquellos que están sumergidos en la tristeza o alguna vez han sido dominados por la voz de la nostalgia; aquellos que rodeados de soledad han añorado a otro ser, han necesitado a ese contrapeso que crea el balance en sus vidas. A todos aquellos que alguna vez han sido separados de su otra mitad y han mojado sus mejillas de lágrimas y su corazón de dolor, para que por medio a estos versos puedan reencontrar ese sufrir hasta el punto de conocerlo tan bien, de entenderlo y hacerlo familiar, hasta que amigablemente puedan dejarlo partir y dar espacio a la felicidad. A todos aquellos dedico estas voces nostálgicas

"Que hondo puede doler el alma

cuando se amarra del tiempo

con cadenas eternas"

VOZ DE LAS LÁGRIMAS

Voz de las lágrimas las que mis ojos oyeron.

Sufrir latente, tártaro sangriento,

que lleno mi huerto de penas ajenas,

que trajo a mi puerto caricias complejas.

Víctima de la hueste infernal,

de las derrotas que con titeo

de mi se apoderaron;

y de mi cuerpo al que como avispero

con loca jarana saborearon muchos cuerpos.

Este furor que hace crispar mi piel,

ese calor que nunca ha llegado a mí;

calor que espero. Amor que extraño.

Espera zozobrante. Sed insaciable.

Corazón árido y esterilizado.

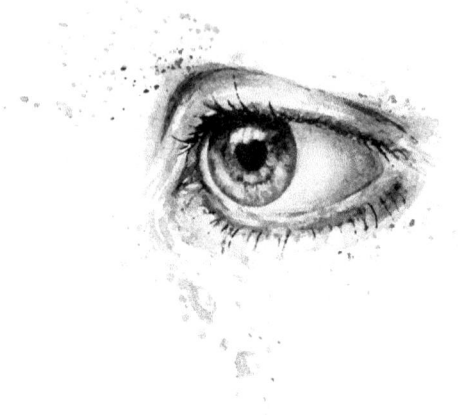

Voz de las lágrimas las que mis ojos oyeron

buscando el amor sin encontrarlo;

inmersa en esperanza.

Inmerecida fortuna la que espero

y por la que desespero a veces.

Yo, vate en mi tálamo;

conquisto, abrumo, seduzco.

No bulle mi alma porque no ha encontrado su

par, y mi luz postrera despide apenas destellos

temblorosos.

MIS OJOS

Observan mis ojos el amanecer
y buscan hambrientos lo que ya no ven.

Esperan incautos la luz que se fue
gritando al pasado que debe volver.

Que insulsos mis ojos que quieren morir
si no ven la ola que vieron partir.

Sus tristes pupilas rezan al brillar
y esperan pacientes quien debió llegar.

Y es que los luceros aun quieren buscar
aquella ola inmensa que no volverá.

Y es que aun mis ojos se empeñan en mirar
el oleaje inquieto que viene y se va.

Al reloj la arena se le va a agotar
y el momento ansiado cree se acerca más.

Algo ellos no saben y nunca sabrán:
"La ola esperada se murió al pasar".

DOLOR DE ALMA

Que hondo puede doler el alma
cuando se amarra del tiempo
con cadenas eternas.

Con un dolor de espinas
que pinchan venas,
y un fuerte olor a incienso y rosas;
rosas fúnebres de la lápida de los lamentos.

Que hondo es el dolor
cuando este sabe a lágrima,
salada y complaciente,
que sacia y envenena,
y baña de orvallo en orvallo,
ensuciando de dolor las mejillas
mientras hala los recuerdos desde el ático.
Y entonces dolor y recuerdos.
Y entonces melancolías y añoranzas,
bailando juntas en melodiosa armonía
el rítmico vals de la desesperanza.

Danzan con libertad de orugas

hasta que la lluvia cesa y el cansancio embarga,

haciendo el punto y aparte,

la pausa, el receso.

La paz onírica lunar.

Pero aun en sueños el dolor es hondo

y aun allí el tiempo lo arrastra

lentamente hasta la infinitud.

Que hondo puede doler el alma

cuando se amarra del tiempo

con cadenas eternas.

RECUERDO ANHELADO

Fugaz carcajada, sucumbida por tristezas.

Tormenta indeleble que alborota mi vivir.

Dóciles mis penas, las ha carcomido el tiempo.

Inquieta sopla la brisa y disminuye el latir.

Esclavizado silencio de un recuerdo mal pasado

que con el tiempo ha volcado

hacia el presente vivido,

deshaciendo en un suspiro

lo que hasta hoy he creado.

El vago arrullo de unos ojos

que confunden y recuerdan

aquello que aún no es olvido,

que fue vivido en presencia,

con precipitado aliento

y con drogados sentidos,

que con traviesa destreza

fue arrebatado del nido.

Hoy vivo por un recuerdo

por aquello que no olvido,

por aquello que he vivido

y que no quiero olvidar.

Un recuerdo que ha libado

el adobo de mis sueños,

un anhelado recuerdo

que no dejo de mirar.

Mi quimérico rincón

donde poseo lo que extraño,

consigo lo que anhelo,

tengo a aquel que amo.

EN UNA LUNA

Acorralada por un brillo que aun no entiendo,

traicionada por la vida

que se ha convertido en pena,

pena que con llanto sufro.

Lagrimas corren por mis mejillas.

Acorralada por su brillo

que oscureció mi vida,

que la dejo en penumbra

y la revolvió en quimeras.

Libertad que me ha quitado

al abrazarme su luz indigna.

Conquistada, ingenua soy,

conquistada y sin rumbo voy.

Caricia que se escudriña.

Boca que se enmudece.

Amor que nunca llega.

Voz que de mí se burla.

Acorralada y no amada.

encarcelado esta y en pena

ese amor que me tortura,

por no saberlo mío

a pesar de aquella noche de luna.

OLVIDO

La furia agreste que sucumbe mi pecho
es el arma mortal que sobrevivirá el olvido.

El desengaño ausente
en el que vivió mi esperanza
se hizo presente la noche en que te supe mentira.

Te creí ángel. Lo mejor de mi vida.

Te creí amor. El más sincero del mundo.

Fuiste demonio y fuiste mentira,

de esas que como murciélagos

juegan a pájaros sobre el rosal.

Te olvido,

porque fuiste mácula,

porque fuiste vida.

Porque eres el hacha

que agrando mi herida.

OLVIDO II

Oh tú, olvido, amiga que lo acompañas,
que hiciste borrar mis recuerdos
de su cabeza quebrada por la lejanía.

Que desdichada me haces saber
con un corazón que aun canta
las melodías de una ausencia,
y entona fielmente lo que cree merecer.

Que desdicha tu presencia en su vida.
Que rauda desvaneciste en la distancia,
por la flacidez de unas raíces no engarzadas,
por lo inmanencia de un afecto
que se dejó morir sin auxilio.

Mírame olvido, yo sigo aquí enraizada,
decorada con ausencias y fúnebres aguas.
Con paredes llenas de ansias viejas
que aun gritan recuerdos en mi cara.

Que desdichadas somos, olvido

parte somos de un pasado para él no existimos.

Somos solo lo que fue que jamás será.

Pero, aun así,

una gota halada de ignorancia

sigue rayana en la esperanza

de por el ser recordadas.

AUSENCIA, TIEMPO Y OLVIDO

Posiblemente un día,

en un tiempo inesperado

descansen mis ojos

y nunca jamás vuelvas a verlos brillar.

Tú me veras fúnebremente rendida

sin palpitares, ni ruido

sin aliento y sin sonrisa,

rama seca y llovizna.

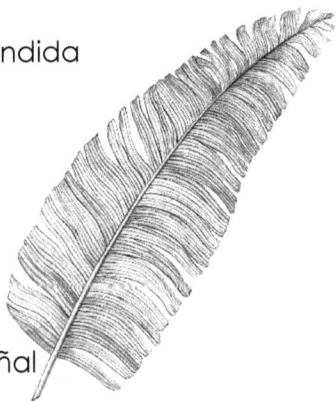

Aguara tus ojos el frescor otoñal

y un calor de fuego veraniego

sentirás en tu pecho en erupción.

Tocaras mi piel convertida en invierno

y veras en mi rostro

la belleza primaveral de mi ausencia.

Aunque el sol de mi día jamás vuelva a brillar

seguiré viva en tu recuerdo,

en el que sublimemente viviré intacta,
inmaculada.

Brillare en tu sonrisa,

pues seré como sol en tus días.

Llorare con tus lágrimas pues tu sufrir será mío,

no lloraras solo, ambos lloraremos.

Lloraremos el amor que dejamos invalido,

por tu amor notoriamente solitario,

y por el mío evidentemente ausente.

Posiblemente, cuando yo me vaya,

la melancolía pronunciara mi nombre en tus oídos

y convertirá mi vida en un recuerdo,

al que quizás la ausencia junto al tiempo

empujen hacia el olvido.

Los sueños se adueñarán de tus labios

y los unirán a los míos.

Juntos estaremos una noche y otra noche.

pero luego la ausencia con el pasar del tiempo

se harán responsables de tu olvido.

Y quizás pasaran los años, uno y otro

y su pasar ordeñará el olvido.

Y morirá en el vientre el recuerdo.

Y el día llegara en que para ti no exista,

ni tu pasado, ni tu melancolía,

ni ese bello recuerdo de lo que sentiste un día.

Entonces si morirán,

ya no solo mi cuerpo, no…

ya no solo mi vida,

también mi alma y mi recuerdo.

Entonces si morirán.

Entonces si moriré para siempre.

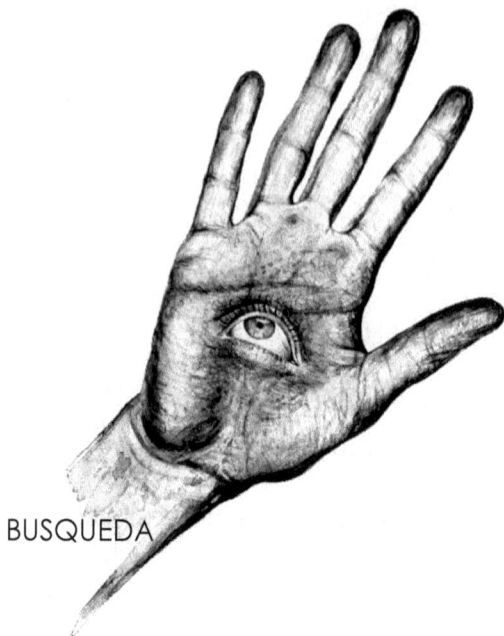

María Adake Alabí

BUSQUEDA

Suelo sentir a veces mi piel humedecerse

por un calor que arropa.

Mientras buscaba, yo inquieta,

de la tarde su frescura.

Buscaba sin encontrarla, más,

ardiente y húmeda tenía que continuar.

He sentido mi cuerpo titiritar

por un frío congelante que abraza

y desesperadamente buscaba

un calor que me abrume.

Buscaba sin encontrarlo, mas,

como tempano en bruces tenía que continuar.

Mi garganta se ha secado

en un desierto que rasga.

Supe buscar yo sedienta

un manantial que me saciara,

y entre alucinaciones de frescos manantiales,

árida, tuve que continuar.

Mi cuerpo se ha retorcido

por ruidos internos latentes,

cuando hambre tuve y busqué

el alimento que me calmara,

sin encontrar satisfacción,

y aun harta de hambre no podía desistir.

Amor busque entre mundos desconocidos,

en mi soledad hecha tinieblas,

entre luces clandestinas.

Buscaba sin descansar.

Inmersa en la soledad redundante

y cansada ya de no hallar.

Buscando se va mi vida,

se surca mi piel desnuda,

y aun siento sucumbir en mi pecho abrupto

un retumbar de tambores en plegaria

aun teñidos de esperanzas,

que el dan aliento a mi vida,

esa misma que tengo y que busco todavía.

BUSQUEDA II

En la búsqueda de lo que se fue vivo

y miro como en la lejanía se deslumbran colores

que con circulares movimientos se mezclan

y cambian, varios tonos, diferentes matices,

y se agrega cada vez un tono diferente,

mientras se opaca segundo tras segundo

hasta que se niebla y se hace negro.

Con gran intensidad se derraman

los vestigios de desesperanza

brotan como sales,

se desliza entre mis venas,

surge un deseo de llover, de tronar,

mientras sigue nublado.

Llueve, truena, llueve y vuelve a tronar,

luego se secan las nubes

sale el arco iris y el sol,

se seca la tierra, se sacuden las aves

y salen de su huevo,

mientras yo aun empapada

comienzo nuevamente la búsqueda.

GOTAS

Cae tañendo sobre la recia tarvia
lluvia que moja mi alma.
Hoy lo recuerdo tal como estaba,
aquella tarde bajo la lluvia mojada.

Como gotas llegan a mí sus recuerdos,
como gotas tibias que se derraman en mi cara.

Gotas de lluvia, gotas de lágrimas,
gotas de recuerdos amargos
que traen nostalgias;
que lo recuerdan,
y que llegan a mí como relámpagos.

Gotas de lluvia, gotas de lágrima,
las que me sumergen
en el fango amargo de la nostalgia,
aquella en la que aún está sumergida mi alma.

BUSCO

Busco su olor y no lo encuentro.

Sigo buscándolo...

Sin buscarlo a veces lo encuentro,

y cuando lo encuentro me inflama.

Llena todo en mí.

Pero no siempre lo encuentro,

aunque quisiera siempre encontrarlo,

siempre tenerlo.

Busco su voz y no la oigo.

Sigo buscándola...

Sin hablarle a veces me habla,

y cuando me habla hace mi alma aliterada.

Creo en ellas.

Pero no siempre las oigo,

aunque quiera, siempre escucharlas,

siempre creerlas.

Busco sus manos y no las siento.

Sigo buscándolas...

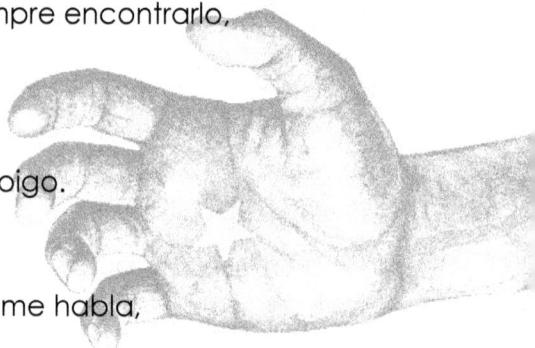

Sin buscarla a veces las toco,

y cuando las toco me palpan.

Tocan todo de mí.

Pero no siempre las siento,

aunque quisiera siempre tocarlas,

siempre sentirlas.

Busco su amor y no lo percibo.

Sigo buscándolo...

Mientras más lo busco,

me siento más vacía.

Pues mientras pasa el tiempo

me queda menos tiempo

para poder encontrarlo.

Sigo sintiendo su ausencia

y esa búsqueda de amor

hace revivir mis penas.

Busco su amor, nunca lo he encontrado...

Solo su olor, solo su voz, solo sus manos.

VERDAD

Cruel me siento a veces

al desembuchar de mi boca verdades

y solo recibo tus ojos y solo recibo tus manos

las se quedan selladas en mi recuerdo.

Y ese silencio de azufre que quema mi paciencia

que asecha el grito, tu grito,

no con suave lentitud de letanías ya encontradas

que acarician profanando una verdad incierta,

no..., más bien aquella que explota

con lenguaje vasto robando el silencio a Morfeo,

provocando una erupción externa

que cambie

 la botella decorosa de la piadosa mentira

por el frasco lúgubre y encostrado de la verdad.

Escucharte necesito, desbocado,

cantando verdades blancas punzantes,

sentir tu respiración cansada

por asomarse a los linderos de la confesión.

Necesito una verdad que me despierte del sueño,

que glorifique mi existencia,

que me levante del polvo

o me restriegue en el mismo,

que eleve mi espacio a la vida

o que me deje en el vacío.

No creo,

y por ello me entrego a manos de mi desventura,

aquella que susurra verdades que retumban

como música infernal que no se desvanece

ni cambia su timbre;

que va conmigo al compás del sueño

y va al galope de nuestras vidas

en una travesía de amaneceres

en busca de un horizonte

que no se si abre de encontrar.

No quiero más,

el coqueteo de tus mentiras desabridas.

No creo más en la tersura de tu silencio

precavido,

y si no puede ser, que no sea

me sucumbirá el alma, pero no la vida

si no será, pues, se olvida,

aunque mil vueltas de yo en la vida

algún día receso tomaran mis sentidos

y si por amor se adelanta...

si así será que así sea.

SOMBRAS

Lloro hoy como hace tiempo no lo hacia

y lloro pues me amedrenta el tiempo.

Lloro por la realidad. pues vivo un fugaz sueño

que es fragancia sublime, deidad de deidades,

majestuosidad, llenura.

Que es relámpago de una tarde

que es realmente noche que no llega a

amanecer.

Y lloro hoy, pues ya amanece,

y solo una centrifuga lumbrera

quiere disimular mi opaca vida.

Vivo entre articulaciones,

en un cruce de mundos, de deseos e ideas,

de apetencias que se juntan

se cuartean y se estrellan

se juntan sus pedazos y vuelven a su lúdico vivir.

Y lloro hoy, porque hay sombras en mis días

que solo asoman y cubren y opacan mi vida.

¡Hay!, si la luz asomara a mis heridas,

y si esas sombras las escampara el día

si no fueran las ladronas de mis horas.

¡Oh!, mi vida que lloro,

hoy lloro pues mi vida,

la que marcha con el tiempo

y todo tiempo tiene días

y mi tiempo carga sombras,

carga sombras desde niña.

VUELVE

Lápiz tomo para escribirte
y te escribo.
Te escribo sobre líneas blancas,
hombre de mar salado
al que arrastro la mañana.

Y cada letra es un recuerdo
que llega cual ola a la orilla,
mojando con sales mi rostro
y tallando mi cuerpo con algas.

Espera el barco de mi vida
este puerto abandonado,
que solo escucha las olas furiosas.
Que solo ve hacia lo lejano.

41

"Vuelve que te espero, vida que te has ido"

rezan mis letras

que como fuego encienden mi alma

que se revuelca entre lamentos.

Como gaviota, yo…

a la espera de alimento.

Mis alas agotadas,

mi hambre latente

y mis ojos…

manantial de esperanzas desilusionadas,

de dolor pedregoso

que sabe a aguas saladas;

tan salada,

como la mar azul profunda que nos separa.

CALLAS

Callas… y nacen versos tristes

de tu boca sellada,

y de tus ojos lágrimas desiertas invisibles.

Callas… y te siento ausente.

¿Hacia dónde vas callado que te alejas?

¿Qué dice tu silencio?

Que esconden tus luceros

que han dejado de brillar

y se han perdido en el horizonte.

El silencio está hablando por ti,

¿Hacia dónde han ido tus palabras?

Guardadas están en el ataúd de lo ignoto.

Te veo lejano y me alejo.

Nace en mí el silencio contagiado.

Mi silencio piensa en tu silencio.

Mis ojos miran tu mirada.

Mi silencio habla. Comparto tu sigilo.

Y mi boca… mi boca al igual que la tuya

ya no dice nada.

NOCHE SIN LUNA

Cielo triste.

Abismo en penumbras.

Chimenea sin fuego.

Noche sin luna.

Caras oscuras.

Almas que se unen.

Vidas que se rompen.

Noche sin luna.

Broma sin risa.

Llanto sin lágrima.

Fuego y ceniza.

Noche sin luna.

Albergue del vagabundo.

Arrullo del solitario.

Llanto del pobre.

Noche sin luna.

VACIO

Vino un día y otro día

y un nuevo sufrir nacía,

como tinieblas en claro de luna.

Yo resistía.

Recuerdo maldito. Sufría.

Las marañas de mi boca despedían.

Si evidencias de mi lloro se asomaban a mi vida,

yo mentía... bien que mentía.

Siempre fría, pétrea

de acalambrada alegría.

Pasaban los años, los días.

Almacenaba las penas,

en el cajón de la vida.

Se lleno el dolor. Se rompió el recuerdo.

Floreció el olvido.

Exploto mi alma tan llena de vacío.

SI TE VAS

Si te vas,

veré caer la noche

como una hoja seca

se adormecerá mi cuerpo en la tristeza,

quizás por la añoranza de no hallarte en el

crepúsculo

o por oír a un ruiseñor murmurar tu canción.

Donde estés, si te vas

llevaras mi alma en tu maleta,

tu ausencia hará compañía a mi cuerpo.

Seré la solitaria llena de recuerdos

que vive el presente en un pasado

que caduco al marcharte de mi lado.

SOLEDAD

Andas por la vida pregonando vidas,

asaltando hombres,

clavando espinas venenosas,

preñando corazones de calma y ojos de lágrimas.

Invades mundos

y te sumerges en ellos hasta empaparte.

Buscas lo no encontrado.

Comprendes lo incomprensible y callas.

Vividora del silencio y de la oscuridad.

Eres frágil como una hoja en otoño.

Sublime como el cielo impetuoso.

Copa vacía que guarda misterios.

Silencio vacío que está lleno.

Conversas con los sabios, ríes con la vida,

vives con el tiempo

y te conviertes en su compañero.

Te coligas con la musa del poeta

y te hace poesía.

Te conviertes en el numen del artista

y te hace arte.

Te juntas con el presidiario

y le haces compañía.

Te unes al solitario

y lo conviertes en tu ciervo.

Misterios carnavalescos escondes

y andas por los caminos pronunciando nombres.

RUINA

Ruina, en la que paso mis soles
observando paciente el crepúsculo por la
ventana.

Llenos de soledad están sus muros,

llenos de llanto, de putrefacto llanto

que huele a desecho y que cecea,

que retumba en las paredes vestidas

de una costra de mugre viviente

que ya alcanza mi cuerpo.

Ruina, esta, mi viña.

Una opaca luz señala los pasillos

por donde a gatas anda mi alma

con una entumecida esperanza

vieja, vacía y opaca,

adornada por algas nacientes

del manantial mudenco y amargo

que brota de mis ojos cerrados a la vida.

Ruina, Oh ruina. Mi ascético encierro.

Macerando voy el sufrimiento,

cultivando estoy la soledad

entre la oscuridad y el llanto adyacentes

junto a una risa sarcástica llamada silencio

que hace vivo el fuego al que me sacrifico.

SANGRE Y ARCILLA

Siempre creí mi tierra fértil

y caída la noche de luna nueva

con mis manos la cultive,

manos de gaviota taciturna.

Débiles y temblorosas.

Entonces una rosa carmesí

mayúscula y de gruesas espinas,

se asomo como astro, fugaz y fuerte.

Rosa de sangre y arcilla.

Cada espina me hace hueco

un hueco azul oscuro

como la profundidad misma de la lejanía,

de aquella que está presente y muerta.

Entonces llora el tiempo

y una caravana en mi vacío nace.

Nace un rosal sarmiento y tosco que me decora;

como prístinas flores blancas

a un calvario nocturno sin cruces.

Pobladas de rosas carmesí

están mi carne y mis huesos

engarzados cómodamente entre espinas

decorando fúnebremente mi existencia.

CARNAVAL DE PENAS

Los encajes de la luna
enlutan la negra alma
que pinta sueños bajo su techo,
que canta males bajo su manto.

Bailando están las ilusiones
el atabal que las condena
que retuerce los sentimientos,
los surcan de tristeza y los añeja.

Apática sonrisa encubridora de penas
que las disuelve como calor al mar,
que deja huella.

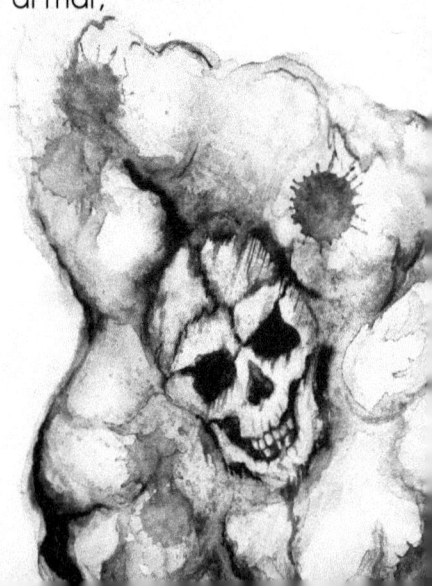

La frivolidad hace eco

en la profundidad abismal,

en la que negras luces iluminan el alma

haciendo de ella una sombra

en la que solo habita pétrea la desilusión.

En la órbita desnuda del vacío

hay una fiesta, una gran fiesta

en la que solo desfilan las penas

con trajes de escandalosos colores

con espeluznantes disfraces

entre risas, entre bailes,

entre muecas y burlas

y la festejada observa una por una sus caretas

escucha sus risas y sus mofas

y vive sus bailes y sus gestos.

Celebrando vivamente su muerte.

AMOR, TRISTEZA, AÑORANZA

Se baña el céfiro de sal,

lo tibia el sol.

Al sol no lo alcanza el mar,

pero se vuelve su espejo.

Al mar no lo quema el sol

pero lo hace tibio.

Hoy por hoy estoy en el mar,

enferma de insolación,

abrazada por el viento alcalino;

Tan pequeño el sol a nuestros ojos

excelso, lejano y candente,

profundo y envolvente cuando te nace dentro

bañando hasta los recovecos del alma

con una luz quemante.

Si es el amor sol y la tristeza mar

la añoranza será del mar el céfiro salado y tibio

que preña sus aguas quietas,

y hace nacer las olas

que hacen ondulado el llano

en el que se mira el sol que brilla,

y siempre brillara

en la profundidad del gran espejo azul.

RAZONES TENGO

Razones tengo, para ver negro los cielos

para observar el mar sangrante;

y es que mis ojos visten de luto,

derraman lágrimas que no cesan,

no cesan por la veracidad frustrada

de aquel su futuro muerto.

Palidezco. Y es que mi lloro

es como la tempestad aliterada y furiosa

que arrastra todo y me deja en el suelo.

Tengo razones para sentirme como me siento,

razones mías que no comparto,

que aumentan mi soledad y ahondan mi vacío

haciéndome hueca.

Y es que una calamidad de mundos

nace en mí y se encierra entre nubes,

que a pesar de ser blancas

están curtidas y apestosas.

Tengo razones, mis razones;

pues brilla en mi un sol de anocheceres

que roba mi luz

y que hace víctima de insolación mi marginal

esperanza,

que es quimérica y esta desahuciada.

Razones tengo para sentirme como me siento,

No me pregunten, no las comparto.

EN LA LUCHA CONTRA LA TRISTEZA

En la lucha contra la tristeza

me posesiono del llanto,

lo seduzco, lo conquisto, lo esclavizo.

Saco de mi alma ansiosa

la gota ultima que dulcifica mi embriaguez.

En la lucha contra la tristeza

lloro, como la pacifica fiera

que luego de ser herida ataca furiosa

y vuelve a ser herida,

entonces entre lágrimas sonríe.

En la lucha contra la tristeza

se hacen canal mis mejillas

y en mis oídos resuena

un amen de campanarios

que solloza en el silencio

y que hace un ruido de muerte

que enluta mi espíritu

que es el mártir que fervientemente reza

el credo de la melancolía.

Luchando contra la tristeza

voy rumbo a la felicidad

que en el horizonte aguarda dormida,

esperando que mi sangre se haga hiedra,

que mis ojos cerrados no humedezcan mi faz,

que la muerte mate mi flagelo.

Lucho contra la tristeza vertiendo tinta en papel

haciendo letras que repiten en frío eco

lo que dice mi alma lastimada,

que esta como cera entre llamas,

que se consume, se derrama, lagrima a lágrima,

hasta que de ellas y en ellas, ya no quede nada.

Y YO AQUI...

Todos risas, todos cantos

y yo aquí,

en medio de la soledad y el llanto.

Mi alma absorbiendo penas.

Sudando desamor.

Anhelando caricias.

Esperando penas.

Sabiéndose desesperada de espera.

Todos risas, todos cantos

y yo aquí, en medio de la soledad y el llanto.

Caliéntame sol que tiemblo de frío.

El invierno vive en mí.

Dame la dirección de tu luz.

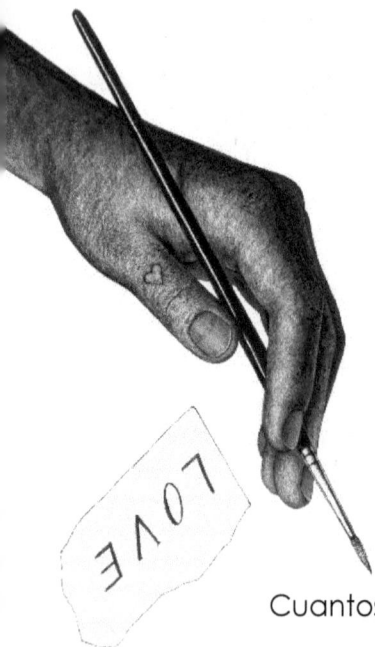

CUANTOS DIAS

Cuantos días no te escribo, cuantos días.

Cuantas noches no te miro, cuantas;

sed de verte, hambre de besarte y no apareces.

El destino incauto te esconde entre sombras

y te veo incognito entre la luz del día,

entre las penumbras en la noche.

Veo tu silueta, pero luego,

¡Oh!, he confundido tu rostro.

Veo tu sonrisa en uno,

tu mirada en otro, tu perfume.

Te veo sin verte,

y es que en mi te has sembrado

y en mi altar has crecido.

Te reflejas en mi alma cuando te pienso.

¿Dónde estás perdido? ¿Dónde estás?

Cuantos días no te escribo,

perdido, cuantos días.

Cuantas noches no te miro,

cuantas.

PORQUE

Este amor, esta soledad,

esta espera, este llanto.

Porque me siento rodeada de vacío,

cuando mi espacio está lleno.

Porque el cielo nocturno, oscuro y triste

se rebela contra mí.

Porque soledad, esta que no comparto.

Este silencio que no escucho.

Este amor que me va inflando.

Este amor, esta espera, este retraso.

Retraso eterno, amor eterno, espera eterna.

Castigo. Condena.

Y estas lágrimas que asoman

y fluyen en su cauce.

Lagrimas que cuando rio,

ellas quieren reír conmigo.

Porque amor, porque soledad,

porque espera, porque llanto.

QUIERO SENTIR

Quiero sentir, pero no lo que siento.

No ese dolor que parte,

y en copa de cristal me escurre

y me va degustando como buen catador.

No ese solitario amor que no responde,

que hoy es huérfano abandonado.

No ese agobiante silencio enloquecedor y

frustrante.

Quiero sentir, pero no lo que siento.

No esa brisa autumnal, nocturna y fría

que envuelve mi piel parcialmente desnuda.

Estoy aquí sumergida

en el abismo profundo de la tristeza;

y solo sale a relucir de las lágrimas su brillo

sobre la gran mancha opaca en la que me he

convertido.

SOLA

Sola, siempre sola,

como una tenue sonrisa

entre penumbroso silencio,

sin un rasgo de alegría.

Sola,

junto a una hoguera mantenido de esperanzas

y del calor de su piel que me esclaviza.

Sola, porque al tenerlo no lo tengo,

escurridizo y socavado entre mis manos.

Inciertamente acompañada,

su presencia como tempano

que entrecruzado

en mí camino no me permite avanzar.

Sola,

junto a esta hoguera que me agobia

mientras una carcajada en eco de mi se burla.

Y esta hoguera que no apaga,

esta alma que lo ama.

Pasa el tiempo y sigue sola,

aunque siempre acompañada.

TE EXTRAÑO

Te extraño,

es como un grito en ecos

que se expande y retumba.

Cual húmeda gota

que rueda por la mejilla y moja el corazón.

Te extraño, y no es solo mi voz.

Son mis manos que reclaman tu tez.

Son mis labios que se resecan y se marchitan.

Es mi piel que va en ayunas de fricción.

Te extraño, y no es solo mi voz.

No es una ráfaga de viento

que pasa y se va.

No es como fuego de verano

que se apaga en invierno.

Es todo un cuerpo

que se amontona en conspiración.

Es que conmigo sola ya no basta,

oscilación, inestabilidad, desequilibrio.

Anhelo el contrapeso que da un dúo.

Te extraño, y no es solo mi voz,

no es solo mi piel, no son solo mis labios.

LAGRIMAS SOBRE LA ORLA

Aquí me encuentro,

sobre la arena mis pies;

mi vista en el horizonte,

perdida entre la nada.

Mis brazos entre cruzados,

por el frio que arrastra el cierzo lunar.

Mis mejillas mojadas

por el dolor que bulle desde mi alma.

Sufrir que llora y que ríe de su propia desgracia

Aquí me encuentro,

 hacia mi vienen las olas

y de mi se alejan y se desvanecen.

Hacia mi viene el viento,

me rosa y sigue su andar.

Y yo... aquí me encuentro.

La espuma blanca que emerge de las olas
una y otra vez me saluda para distraerme,
pobrecillas que no saben que este cuerpo ya es
solo bazofia.

LAGRIMAS SOBRE LA ORLA II

Marioneta del mar que es salado recuerdo.
Vaivén de olas que ahogan el ser en la arena.
Eterna espera de aguas, otras
que sin ser mojan las rodillas,
salan y empapan de sal la ropa
y el alma en llagas.

Salitrada agua fustigadora de almas
que trae distancias, sinónimo de ausencias
de adioses mentirosos que el tiempo cambia.

¡Ay gaviota! que tienes del mar tu sustento
haz que este azul sacie el flagelo de un espíritu
desierto,
que en la orla tiene sus penas arraigadas,
en la espera del marinero verdugo que
abandono su comarca.

77

DEBER

Tengo un deber que aleja mi sonrisa,

por la humedad del orgullo corrompido,

que se revuelca en los recuerdos

y se empapa de ellos.

Que se desvela en las noches y llora.

Que es enemiga del amor propio;

que lo ignora y lo descarta.

Deber del alma, querer del alma.

Alma dudosa, alma confusa,

a la que bañan vapores sudoríficos

que provocan calenturas melancólicas,

que recuerdan, que añoran,

que extrañan caricias,

que respiran sin vida,

que caminan sin tiempo ni rumbo

por deber, deber de existencia insípida e incolora
que hace del ser la nada.

¡Oh! sin el placer, sin el querer,
qué vida es esta
¡Oh! por el deber, que diablos:
echar la vida al desdén con soledades,
deambular en el mundo como anima
desahuciada del paraíso
hacer de la creación un árbol de muerte
inmóvil y arraigado al mismo suelo.

Busco incólumemente la libertad,
mientras, el deber me empaña la visión,
mientras, me cubren las cortinas del tiempo.
Y sin poder gritar me ahogo en un silencio
que no me deja escuchar la canción,
la melodía aquella que me hacía soñar.

Busco la libertad,
quiero hacerle el amor y preñarme de ella.

ESPERO

Espero desesperadamente
la llegada de aquel que esta:
Un acercamiento que en él me haga presente;
que haga notar mi existencia en la suya.

Espero ansiosamente
que un rayo a mí se dirija,
que me transformen en la centrifuga imagen de
sus ojos.

Espero quiméricamente
un palpo que se asome a mí,
no al cuerpo de mujer que represento.

Espero deseosamente un enlace voluntario

frio en lujuria, empapado en pasión,

que nazca vigorosamente de sí.

Espero esperanzadamente

un te amo, no como respuesta.

Uno que explote y brille con luz propio

con una fosforescencia casi involuntario

que ilumine la fuerza del deseo, no libidinoso

sino de aquel que solo siente quien ama.

UN DILEMA

Una sonrisa retorcida.

Una mirada abierta.

La ignorancia total.

Un vacío viviente entre dos seres

que mueren mientras respiran.

Un amor cortado en piezas miles

que no saben encajar.

El amor este, pero en el otro polo,

y en proporción igualitaria a la incomprensión,

la que de negro se pasea con luctuosa gala.

Casi nada, pero profundamente amargo.

Te amo que se dice sin sonido,

Roces que arañan. Besos analgésicos.

Caricias narcóticas que calman el cuerpo

y ponen a volar los pensamientos,

inundan la garganta y llaman lágrimas.

Es solo eso, condenados en vida.

Dos opuestos que se atraen y se repelen a la vez.

A la vez que se necesitan para ser.

Es solo eso, un dilema.

HOMBRE ESCARLATA

Hombre escarlata

que no besas mis estrellas,

que no tuestas mis pupilas,

que me ahogas en la profundidad de tu

distancia.

No miras mis latidos

ni escuchas mis suspiros,

pero estas allí donde arde la llama,

donde fecunda la semilla,

donde la oruga se vuelve mariposa.

Hombre escarlata.

Ropaje de diamantes;

de emociones ocultas y misterios sombríos

que brillan en la oscuridad de mi ignorancia.

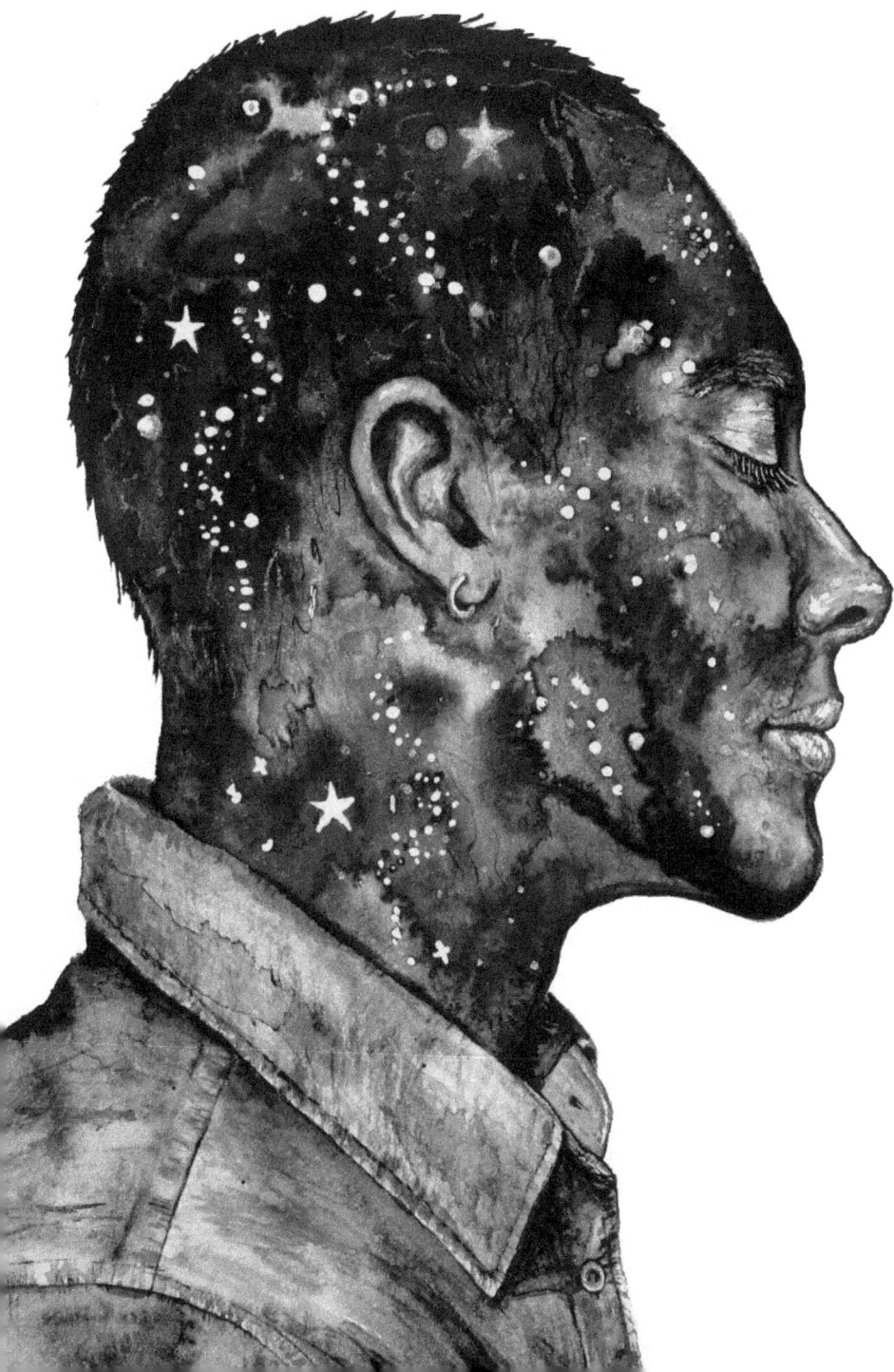

Voz de la Nostalgia

SE QUE TE PIERDO

Quisiera ser,

pero no encuentro el camino.

Estoy a oscuras,

y envuelta en una niebla que desconozco,

que solo siento.

No puedo explicar lo que sofoca mi aliento

y ahueca mi alma

...Se que te pierdo.

Quisiera ser de tu corazón lo más profundo

... su amor y sus lágrimas.

Pero hoy solo manantial desbordado soy.

Ser o no ser, hacer o no hacer.

Te alejo, distante...te pierdo.

Quisiera ser tu preludio, tu destino,

tu lumbre, tu horizonte, tu sabia,

tu armonía, tu equilibrio justo,

tu anhelo, tu crisálida.

Pero hoy solo soy tu desaliento,

la frustración que te lleva al desprendimiento.

La lucha constante que roba tu aliento.

...Se que te pierdo

Sé que olvide el verano y me he vuelto invierno

Soy tu desventura,

un recuerdo que murió al amanecer.

El móvil que te empuja al cambio.

La tangente de tu partida.

La causa que motivo el efecto.

Hoy, eso soy.

Quisiera caminar en reverso,

pero he perdido la ruta de regreso.

Ciega estoy y con el sol poniente.

Lo presiento. Sé que te pierdo.

El tiempo paso ligero, rápido y diligente,

fino y liviano cual lluvia pasajera.

Lo ignore.

Ignore el tiempo y camine descuidada

postergando la tibies de un beso azul rezagado.

Al despejarse los cielos de lluvia me vi mojada.

Ya hoy no llueve, estoy helada.

Ahora echo de menos aquel beso rezagado,

tu calor y tu humedad, tu ventura y tu verano.

Sin ti me omito, me exento.

Muere mi risa y me bautizo nula.

La eterna acongojada.

La solitaria aquella

que se quedó sin morada.

La anciana que vive de ayer

sin mañana.

Una amnistía te pido en pleno ruego,

que restaure completo el amor desecho.

Pintare carmesí el blanco lecho,

hare mágicas llamas los arbustos secos.

Sucederé como quieras sin reversos,

para que me aspires sin redobles,

consagrando con toga mi afición.

Por favor no cubras tu corazón con la coraza

diseñada por mí misma en el creciente,

acomódalo en tus manos y oye mis versos.

Déjalos allí fermentar tus recuerdos,

y tomar sin dudar la dura ruta

que te conducirá a donde está mi fortuna.

Déjame que te muestre por un instante

que la vida puede ser mejor que antes

y querrás hacer el instante eterno.

¿ADONDE VOY?

¿Adónde voy?

si cada paso en mi se vuelve lagrima

Si soy cascada que arrastra lo que a su caudal se asoma.

Si soy la brasa que el aire apaga.

¿Adónde voy?

sí ni la tierra firme sostiene mi pesar,

si cada intento de seguir se vuelve tropiezo,

caída, derrumbe.

Barco a la deriva.

¿Adónde voy?

sí vivo en la parte oscura,

donde la luz y la alegría se desconocen,

allí, en el declive del mundo,

donde solo los desahuciados habitan.

Y no sé adónde iré

con un corazón que duele tanto.

Que sueña con traspasar el límite fijo de la
conciencia

y entrar a ese mundo de locura que de la pasión
emerge.

¿Adónde voy?

Si cada ser viviente sabe que nada soy,

que solo soy la parte de un todo que quedo a la
mitad.

No iré a ningún lado

ya que está vedado mi único escape

en medio de esta trifulca.

Está agotado el sosiego

que calma el torbellino de mi sentir.

Y no iré a ningún lado

ya que solo quiero ser el grito

que resume su palabra.

La que va tan solo por su vida,

la que quema ardiente por su llama.

ASESINO AMOR

Rojo como sangre que trae llanto,

que atrapa vidas,

que brota de la herida.

Que baña, y duele, y mata.

Atrapa y envuelve,

nos envuelve en sus tentáculos

y nos sumerge,

luego nos nutre y nos transforma.

Nos hace ciervo de sus antojos,

esclavos de sus vicios,

parientes de sus males.

Nos hace vivir moribundos en su lecho

al asecho de aquello que no llega

o en la búsqueda de lo que se fue.

Oh, amor,

embrujo salido del laberinto oscuro de lo

desconocido.

Caído con el ángel que está en la higuera

cegado por la flecha de su propio arco,

con ojos vendados para esconder su fealdad.

Oh, amor que crea

y así como crea destruye.

Nos muestra el cielo

y nos empuja al infierno.

Nos presenta la gloria

y nos esclaviza al destierro.

Nos conduce de la risa al llanto,

del canto al gemido.

Dándonos a probar y dejándonos hambrientos,

calentándonos y haciéndonos invierno.

Oh, amor que, sin matar asesina,

que busca tragar almas

y adueñarse de sus sentires.

Atesorando ansias, añorando recuerdos,

desnudándonos y dejándonos indefensos.

Enferma corazones sin remedio.

Cala en la razón sin remordimientos.

Crea suicidas. Se lleva vidas.

El asesino amor debe estar preso.

DOLOROSO AMOR

Indómito vacío el que remoja almas
y adhiere fuerzas con presuntuosa calma.

Indeleble locura, distante de ternuras.
Furia oculta que rasguña el ser.

Dolor que se prevale del amor para reír,
concatena su maldad con el dolor y hace sufrir.

De quimeras ambulantes
andan las mentes repletas,
queriendo olvidar, odiar, huir
… Es imposible.

CAUTIVO

Cuchillada de rosa penetrante,
aguzado puñal que verdugo
sosiega los rayos del contorno astral de su mirada.

Compañero del viento
que quema la nieve sofocada,
que construye el tiempo
sobre el aire extasiado de las paredes.

Cortante brillantes,
como hierro reflejado por un relámpago
que sin querer pestañea sobre él.
Como candil que socava su blancura
en las paredes de los sueños de la vida.

Levanta tu cubierta y vuela por los aires
como nubes consagradas a la libertad.

Fabrica mundos sobre la vida misma,
pisa troncos sin hendirlos,
desata sueños sin romperlos,
espanta una ráfaga que arrastra besos.

Consternados sus pasos.

Consteladas sus noches.

Silenciosas.

Marinero de sueños rotos,

construidos nuevamente por unas manos,

manos tibias de ternura escondida.

transformadoras de tormento,

trepadoras de mentiras enlazadas

por la dulzura ausente,

esa que se esconde

en algún recóndito lugar de su alma.

MUJER DE OTOÑOS

Mujer de otoños
cansada de despertares.
Habitante solitaria
en el rincón de la utopía,
donde el aire extasiado pesa
y el agua salobre enjuga lágrimas.

Regidora inmortal de un diálogo negro,
que cantando vive muriendo
en el staccato de unas notas sin rima
embebida en la brillantez de su diadema.

Mujer gris de alma sumergida

en la melaza insípida de sentimientos

que trascienden incólume

los brazos del tiempo

y cruzan consientes el valle de difuntos,

en el más allá del sufrimiento.

Caricia subatómica de alegría cuántica,

que rustica y tosca llega rasgando

y coloca por vez primera

sobre su pelo de blanca seda

el velo gris de su última gracia.

VOZ DEL SILENCIO

Cautiva en mi silencio conquisto mundos,
cosecho barreras que luego atravieso.
Travieso caudal que arrastra mi voz,
con fluvial audacia, con cabal fulgor.

Converso en mi mundo con el cauto mar,
con el eterno cielo que cubre mi mal.
Silencio sarcástico que acopla mi apariencia.
Desconcertante amigo que hato a mi existir.

Silencio que añoro en mi soledad viva.
Voz pagana y dulce que acosa mi sentir.

Crucífera mi vida que la condeno a ti.
Crúor de su existir el que llevo en mis venas.

FURIA

Negros murciélagos paridos salen del volcán

arañando sus paredes vírgenes,

mientras en su interior

asoman puñales que cortan cicatrices.

NIEBLA VECINA

Plantada en la hierba seca
que de abono ha de servir
crece la verde hierva
sobre la que al morir
cedió su vida agónica
a aquella que ha de venir.

Cambio su falaz victoria
por un tétrico sufrir.
Dejo su lamento subir
a la cúspide de las rocas
donde se encuentra el cirio
que redimió su derrota.

Cariñosa la llovizna
que luego ha de caer
proseguida su ternura
por una tormenta cruel
hazaña que ofrece el mundo
como una esperanza infiel.

Gime el árbol deshojado.

Llora el cielo carnal.

La lluvia sobre mojado

ha hecho todo rezagar.

Manantial que se hizo charco

por el brusco vendaval.

Y la brisa que ha su prisa

dejo el paisaje deshecho;

encaminando al silencio

con su presa risa al mar.

La triste y soberana ninfa

aguarda en la dura encina

con una sonrisa muerta

y una sínica utopía.

Calma la destrucción

con cascabeles de muerte

y vuelve la hierba y crece

sobre la hermana seca.

El correr de la vida lleva

con ruina y con destrucción.

desafíos halagadores

que la convierten en canción.

Relicario de la vida

que nos invita seguir

en remembranza y memoria

del ya pasado sufrir.

SILENCIO

Cautiva en mi silencio conquisto mundos,

cosecho barreras que luego atravieso.

Travieso caudal que ahoga mi voz

con fluvial audacia, con cabal fulgor.

Converso en mi mundo con el cauto mar

con el eterno cielo que cubre mi mal.

Silencio sarcástico que acopla mi paciencia.

Desconcertante amigo que ato a mí existir.

Silencio que añoro en mi soledad viva,

voz pagana y dulce que acosa mi sentir.

Crucífera mi vida que la condeno a ti.

Crúor de su existir el que llevo en mis venas.

DESTINO

Un pasado tortuoso y troglodita

levanta los párpados caídos,

compacta a los mares

y redime la brisa.

Levanta el paso

y evita una nueva caída.

Ayuda a aceptar la vida

en su tétrico pasar.

Con ojos de buitre

que sigue a su moribunda presa.

Lavando la ignorancia

con la dura experiencia.

Viendo sangrar las carnes

como premio al buen vivir.

Constantes son los destellos

que nos alejan del umbral

que torna sombrío el portillo

por donde debemos pasar.

Tirando troncos

y atravesando montañas.

Tiñendo de carmesí las lagrimas

que desbordan los ríos

y hacen sonreír la foresta,

y cada pisada,

de ojos vendados, de sordos oídos

se hace un tropiezo que se vuelve caída.

Entonces, ¿qué más? No más salidas,

ponerse de pie y salir del zarzal frondoso

para seguir viviendo entre neblinas.

CON OLVIDO

Quiero cubrir con olvido

el hueco de desesperanza

que me envuelve

y hacer ignorante

el constante latir por el que siento.

Quiero secar con olvido

el derramado recuerdo

que huele a rosal y sabe a lágrima

para vivir amnésica

la belleza de un presente sin pasado

y hacer de mi alfa.

Quiero levantar las alas
y con génesis de aves
hacer vuelo hacia la vida
haciendo silbar la esperanza.

Quiero abrir los ojos al olvido
para así apagar las negras luces
(mis guías) hacedoras de sombras
petulantes y acorraladoras.

Quiero ungir con olvido mi alma,
hacerla templo y renovar su altar,
buscar la verdad sin encontrar miedo,
ser torrente prodigioso
y tapar abismos a raudales
en el fragor del suelo.

FALTA DE AMOR

Una vida triste

en ausencia de calor

que oscurece los luceros

que guían al corazón,

por un penoso sendero

que se convierte en su vida

cargando entre su pecho

aquella falta de amor.

Ha perdido la sonrisa,

ha perdido su virtud,

le han quitado la flor

que adornaba su cabello.

Su boca no tiene riza

esta bañada en dolor,

su sonora voz repite:

"Aún estoy falta de amor".

La soledad la acompaña
con su ropaje festivo,
rodeando el alma en luto,
manchando de sangre el vestido.

En camposanto su vida
la convierte en un sepulcro,
la mantiene en cautiverio.
Hace un encierro su mundo.

Falta de amor es la excusa
que la mantiene entre llantos,
en la búsqueda se agota
y la esperanza se va.

Nunca encuentra, busca y busca.
Falta de amor vana excusa,
ya que el amor no se busca
el amor solo se da.

MORIR

Quisiera morir,

pero blanca y liviana como las nubes.

Tomad y tomad del rocío purificador

que no saborean los de negrura pesada.

Dormir y dormir el sueño profundo

del que solo se despierta un día.

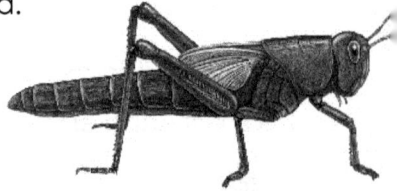

¡Cuantos sin querer mueren!

¡Cuantos sin querer viven!

Santos o diablos, viven y mueren.

Quisiera morir y si por eso peco

solo por eso soy pecadora

y aunque mi sangre derramar no quiero

sé que por vivir me faltan cien años,

sé que para morir me sobran mil.

Espero, esperanzada,

y en mi paciencia desespero

reptando hacia el otero lentamente,

donde musitando habitan las musas,

donde a Clío ruego me haga parte de ella.

Paroxística soy, sí

soy la ascética que busca la vida en la muerte,

que vive muriendo y no vive.

Soy quien sin saber donde esta la vida

la busca en el tajo de la congoja.

Austera soy, sí, pero morir quiero para vivir,

pues la vida esta pesa tanto

como pesa el vasto hedor

de las luchas sin victoria.

Mermo palúdica

en la contraventana de mis sentidos dislocados

que temen y no temen, que existen y no existen,

que esperan, que vanamente desean mustios

entre lágrimas e irónicas sonrisas

aquello que aun no ha de llegar.

OJALÁ PUDIERA

Ojalá pudiera dormir en lo eterno,
dormir unas tantas noches de sueño,
sin pesadillas ni desvelos.

Ojalá pudiera descansar
en la blancura y el azul de cielo
que me es misterio
y ver la luz violácea de la mansión reinante
y dormir viviendo un sueño.

Ojalá pudiera dormir en lo eterno
escuchar las campanas con sonrisa al viento
sentir la triste despedida
de aquellos de ojos abiertos
que con despecho celestial
vagan hambrientos.

Quien te dijera

¡Oh luciérnaga en el tiempo!

que tu luz seria recuerdo,

que al revivir el sueño

sería la fosa tu fiel consuelo.

Oh que terror, que infierno, que duelo.

La eterna bruma.

El cruel destino.

La ansiada glorla.

La fiel ventura.

Yo, próvida con mis virtudes

cargando mis pesadas cruces

entre rústica maleza.

Pregonando sin escucho,

el eterno juego adelantar.

Contemplando mí destino

sin conocer mi final.

CITA CON LA MUERTE

¿Porque la hoja seca

es manejada por la brisa

y termina podrida en el fango?

¿Porque el fuego que arde y arde

hace derretir la vela

y la luz que de ella escapa

aunque ilumina y abarca

al alumbrar la mañana

el sol entonces la opaca?

El campanario nupcial

hace cita con la muerte.

¿Porque la lluvia infausta

moja el verde pastizal

que muere siendo pantano?

¿Porque las aves en el cielo
levantan vuelo sin puerto y sin tiempo?

¿Porque la noche llega
queriendo el sol ser día?

El campanario nupcial
hace cita con la muerte.

¿Porque las humanas almas
aman sin que a ellos nadie los pida?
¿Porque cuando deben olvidar no olvidan?

Un retocar fúnebre
trae las notas de esperanza
de que en velorio su olvido
puede destejer las redes
y tener su libertad.
Porque el olvido lo mata.
Porque recordando muere.
El campanario nupcial
hace cita con la muerte.

117

MUROS

Testigos estos,

compañeros de mis dolencias,

cómplices de mis lamentos,

de mi silencio encubridores.

Circundantes muros, sabios y fecundos

que con subrepticias miradas escuchan

y con silencio de vastedad callan

    y me observan

con la más grande y grosera frivolidad.

Musitando a veces y dando pésame

a mis enlutados sentires.

De naturaleza abrupta,

hosca, apócrifa y desinteresada

lugar troglodita y socarrón,

embriagador y mustio

este mi habitación,

ecuánimemente conciliador,

como filtro tibio.

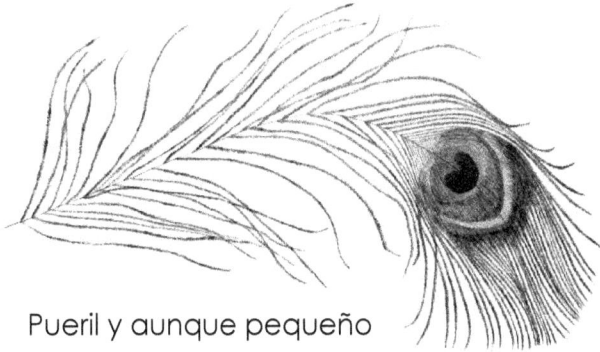

Pueril y aunque pequeño

es el portillo que guarda mis verdades

y aquellos secretos que solo cecea

y que mudenco sin éxito trata de divulgar.

Conocedores de mis secretos

en los que florecen negros cardos

que riegan mis lágrimas excelsas

que maceran mi alma.

Son el recodo de mi habitación,

lo único prístino y franqueado.

Se hacen mi engarce,

pues viven como yo acongojados,

como yo, macilentos y ascéticos,

como quienes después de una conflagración

exhaustos se hunden desolados en la derrota.

TEMPLO EN RUINAS

Un sabor a derrumbe lo cubre,
un olor a muerte lo llama,
han saqueado su altar
que era castidad divina.

Caen aun los pedazos
de sus muros antes blancos
que hoy permanecen curtidos,
llenos de zarpa y musgo reverdeciente.

Con solo hueco, sin ventanales
por donde modesta entra la brisa
dejando sentir profundo
como en eco su murmullo.

Fue saqueado el templo
fue dejado en ruinas
sin fragancia, sin color ni vida.

Vox de la Nostalgia

Oh ruina, templo sin altar

a oscuras, sin estrellas ni bombillas.

Antes sus aromas a especias y rosas,

hoy es solo humedad de arcilla.

Rasgaron sus paredes

con la corona de espinas,

ensangrentaron mis mosaicos

que antes blancos daban la bienvenida.

Atrapadas sus ruinas por la fatalidad

que trajo en rimas la brisa tibia

y ahogo sus pulmones.

Víctima de la hueste que lo hizo ceniza.

Hoy es ruina mi templo,

mi cuerpo, mi altar, mi vida.

PESADILLA

Palpito en un mundo de pesadillas,
entre vivientes rosales negros
de gigantescas espinas.

Voy aullando entre las piedras
en una luna transparente
que muestra su rostro y guarda su luz.

Vértebras de azúcar sostienen mi cuerpo
entre la caña y la miel,
empapado de lluvia.

Sin perfumes ni esmeraldas;

sin espacio brilla mi tiempo,

impío, con faz sereno.

Me derrito emula circundando generosa

entre la lumbre y la brasa.

Acariciantes los tallos del rosal.

Brotes de sangre mil.

Sangre de hiel y sal.

Tejedora del viento.

Soy la nada que viviente muere.

La ratera que roba dolores.

La pena que entra con sangre.

Crédito de Fotografías & Imágenes

Página 60 - "Sadness" July 1887, de Paul-Albert Bernard
(Francia, Paris 1849-1934)

Todas las demás imágenes hechas por:
Nika Akin
http://cargocollective.com/paint

www.ingramcontent.com/pod-product-compliance
Lightning Source LLC
Chambersburg PA
CBHW051040030426

42336CB00015B/2973